53245877R00069

Made in the USA
San Bernardino, CA
13 September 2019